Impressum
Verlag: BABADADA GmbH, Nedderfeld 112 , 22529 Hamburg
Geschäftsführer / Verlagsleitung: Harald Hof
Druck: Books on Demand GmbH, In de Tarpen 42, 22848 Norderstedt

Imprint
Publisher: BABADADA GmbH, Nedderfeld 112 , 22529 Hamburg, Germany
Managing Director / Publishing direction: Harald Hof
Print: Books on Demand GmbH, In de Tarpen 42, 22848 Norderstedt, Germany

школа
la escuela

классная комната
el aula

делить
dividir

186/2

доска
la pizarra

школьный двор
el patio

учитель
el maestro/a

бумага
el papel

писать
escribir

ручка
el bolígrafo

письменный стол
el escritoria

линейка
la regla

книга
el libro

ученик
el alumno/a

ранец

la cartera

пенал

la caja de lápices

карандаш

el lápiz

точилка

el sacapuntas

ластик

la goma de borrar

альбом для рисования

el cuaderno de dibujo

рисунок

el dibujo

кисточка

el pincel

коробка красок

la caja de pinturas

ножницы

las tijeras

клей

el pegamento

тетрадь

el cuaderno de ejercicios

домашняя работа

los deberes

цифра

el número

прибавлять

sumar

вычитать

restar

умножать

multiplicar

считать

calcular

буква

la letra

алфавит

el alfabeto

слово

la palabra

текст

el texto

читать

leer

мел

la tiza

урок

la lección

классный журнал

el cuaderno de notas

экзамен

el examen

диплом

el certificado

школьная форма

el uniforme

образование

la educación

энциклопедия

la enciclopedia

университет

la universidad

микроскоп

el microscopio

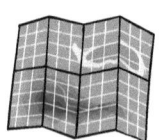

карта

el mapa

корзина для бумаг

la papelera

гостиница
el hotel

турбаза
el albergue

ROOMS

EXCHANGE

ункт обмена валюты
oficina de cambio de divisas

чемодан
la maleta

автомобиль
el coche

язык
el idioma

да / нет
sí / no

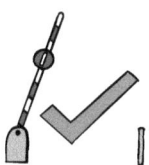

хорошо
Vale

Привет
hola

переводчик
el traductor

Спасибо
Gracias

Сколько стоит...?

¿cuánto es...?

Я не понимаю

No entiendo

проблема

el problema

Добрый вечер!

¡Buenas tardes!

Доброе утро!

¡Buenos días!

Доброй ночи!

¡Buenas noches!

До свидания

adiós

направление

la dirección

багаж

el equipaje

сумка

la bolsa

рюкзак

la mochila

гость

el invitado

комната

la habitación

спальный мешок

el saco de dormir

палатка

la tienda de campaña

туристическая информация
la información turística

пляж
la playa

кредитная карточка
la tarjeta de crédito

завтрак
el desayuno

обед
el almuerzo

ужин
la cena

билет
el billete

лифт
el ascensor

почтовая марка
el sello

граница
la frontera

таможня
la aduana

посольство
la embajada

виза
la visa

паспорт
el pasaporte

транспорт
el transporte

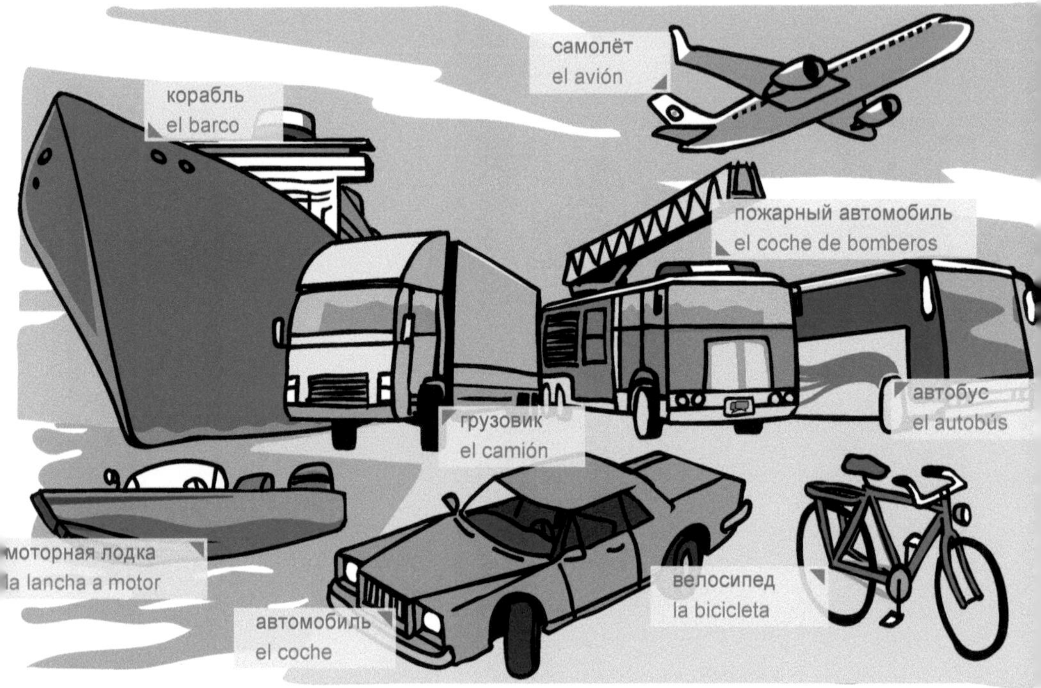

самолёт
el avión

корабль
el barco

пожарный автомобиль
el coche de bomberos

автобус
el autobús

грузовик
el camión

моторная лодка
la lancha a motor

велосипед
la bicicleta

автомобиль
el coche

паром

el transbordador

лодка

la barca

мотоцикл

la moto

полицейский автомобиль

el coche de policía

гоночный автомобиль

el coche de carreras

арендованный
автомобиль
el coche de alquiler

совместное пользование
автомобилями

el préstamo de vehículos

буксировочный
автомобиль
la grúa

мусоровоз

el camión de la basura

двигатель

el motor

топливо

la gasolina

заправка

la gasolinera

дорожный знак

la señal de tráfico

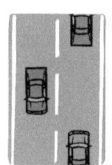

движение

el tráfico

пробка

el atasco

автостоянка

el aparcamiento

вокзал

la estación de tren

рельсы

las vías

поезд

el tren

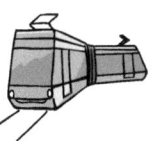

трамвай

el tranvía

вагон

el vagón

вертолёт

el helicóptero

аэропорт

el aeropuerto

вышка

la torre

пассажир

el pasajero

контейнер

el contenedor

коробка

la caja de cartón

тележка

la carretilla

корзина

la cesta

взлетать / приземляться

despegar / aterrizar

город

la ciudad

деревня

el pueblo

центр города

el centro de la ciudad

дом

la casa

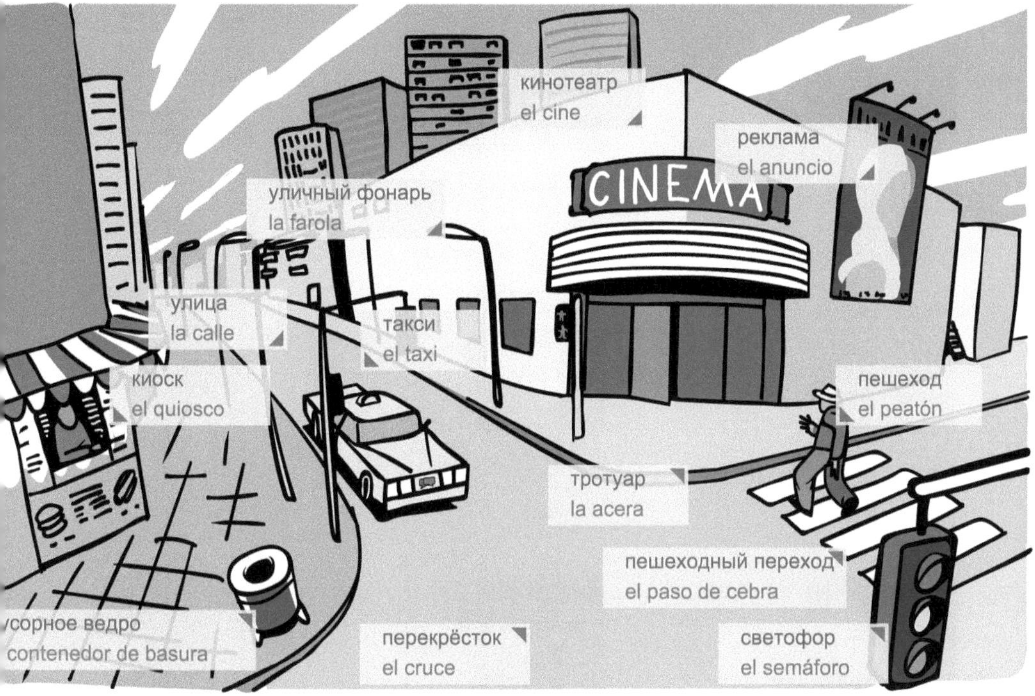

кинотеатр
el cine

реклама
el anuncio

уличный фонарь
la farola

улица
la calle

такси
el taxi

пешеход
el peatón

киоск
el quiosco

тротуар
la acera

пешеходный переход
el paso de cebra

мусорное ведро
el contenedor de basura

перекрёсток
el cruce

светофор
el semáforo

хижина

la cabaña

квартира

el apartamento

вокзал

la estación de tren

ратуша

el ayuntamiento

музей

el museo

школа

la escuela

город - la ciudad

университет

la universidad

банк

el banco

больница

el hospital

гостиница

el hotel

аптека

la farmacia

офис

la oficina

книжный магазин

la librería

магазин

la tienda de campaña

цветочный магазин

la floristería

супермаркет

el supermercado

рынок

el mercado

универмаг

los grandes almacenes

торговец рыбой

la pescadería

торговый центр

el centro comercial

порт

el puerto

парк

el parque

скамейка

el banco

мост

el puente

лестница

las escaleras

метро

el metro

тоннель

el túnel

автобусная остановка

la parada de autobús

бар

el bar

ресторан

el restaurante

почтовый ящик

el buzón

табличка с названием улицы

el poste indicador

паркометр

el parquímetro

зоопарк

el zoo

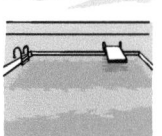

бассейн

la piscina

мечеть

la mezquita

ферма

la granja

загрязнение окружающей среды

la contaminación

кладбище

el cementerio

церковь

la iglesia

детская площадка

el patio de juego

храм

el templo

ландшафт

el paisaje

лист
la hoja

дорожный указатель
la señal

дорога
el camino

луг
el prado

камень
la piedra

путешественник
el excursionista

дерево
el árbol

река
el río

трава
la hierba

цветок
la flor

долина

el valle

гора

la colina

озеро

el lago

лес

el bosque

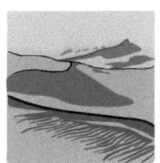

пустыня

el desierto

вулкан

el volcán

замок

el castillo

радуга

el arcoíris

гриб

el champiñón

пальма

la palmera

комар

el mosquito

муха

la mosca

муравей

la hormiga

пчела

la abeja

паук

la araña

ландшафт - el paisaje

15

жук

el escarabajo

лягушка

la rana

белка

la ardilla

еж

el erizo

заяц

la liebre

сова

la lechuza

птица

el pájaro

лебедь

el cisne

кабан

el jabalí

олень

el ciervo

лось

el alce

плотина

la presa

ветряной генератор

la turbina eólica

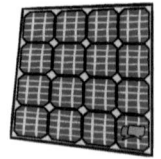

солнечная батарея

el panel solar

климат

el clima

ресторан
el restaurante

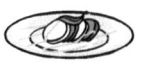

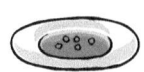

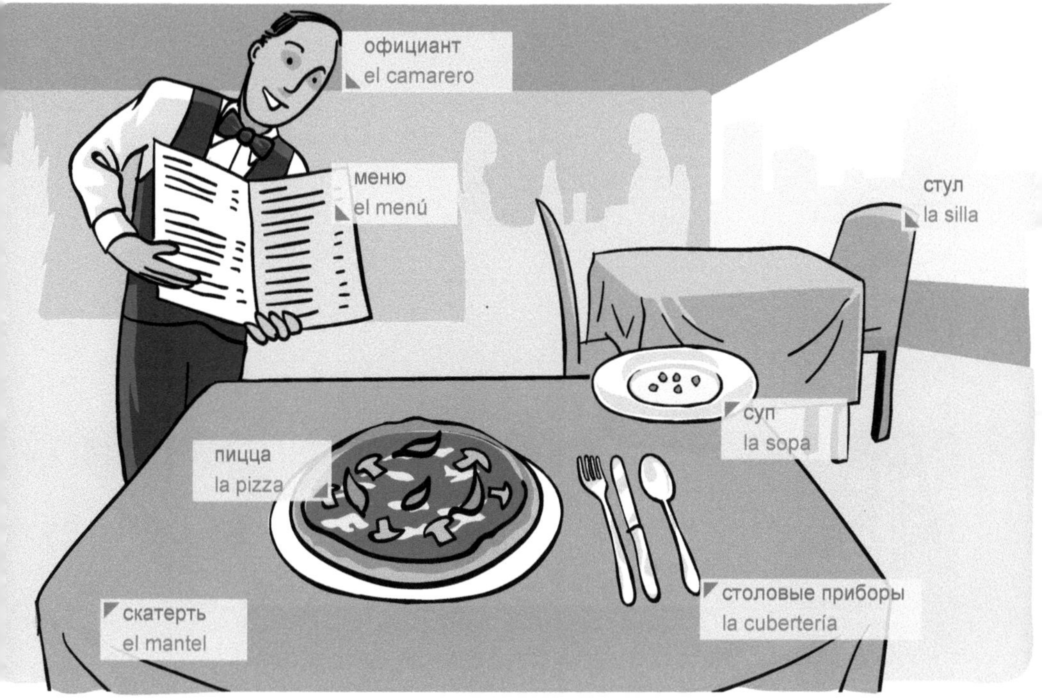
официант
el camarero
меню
el menú
стул
la silla
суп
la sopa
пицца
la pizza
столовые приборы
la cubertería
скатерть
el mantel

закуска

el primer plato

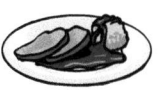

главное блюдо

el plato principal

десерт

el postre

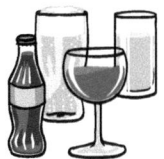

напитки

las bebidas

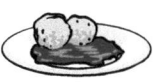

еда

la comida

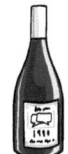

бутылка

la botella

фастфуд

la comida rápida

уличная еда

la comida callejera

чайник

la tetera

сахарница

el azucarero

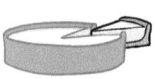

порция

la porción

кофеварка

la cafetera expreso

детский стульчик

la trona

счет

la cuenta

поднос

la bandeja

нож

el cuchillo

вилка

el tenedor

ложка

la cuchara

чайная ложка

la cucharilla

салфетка

la servilleta

стакан

el vaso

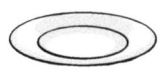

тарелка

el plato

суповая тарелка

el plato hondo

блюдце

el platillo

соус

la salsa

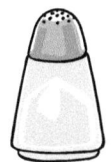

солонка

el salero

мельница для перца

el molinillo de pimienta

уксус

el vinagre

масло

el aceite

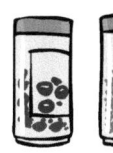

специи

las especias

кетчуп

el ketchup

горчица

la mostaza

майонез

la mayonesa

супермаркет
el supermercado

специальное предложение
la oferta especial
FOR
покупатель
el cliente
молочные продукты
los lácteos
фрукты
la fruta
тележка для покупок
el carro de compra

BUTCHERS

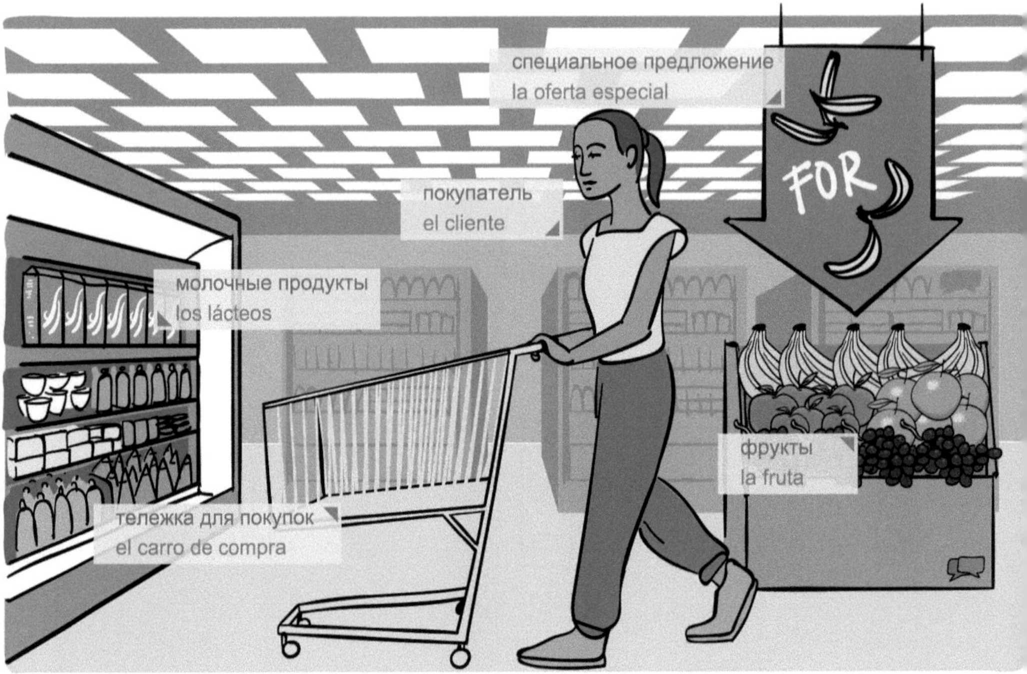

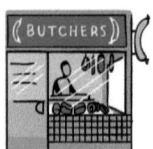

мясной магазин

la carniceria

BAKERY

пекарня

la panadería

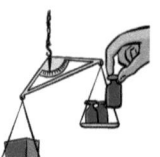

взвешивать

pesar

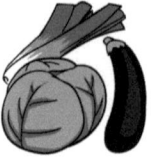

овощи

las verduras

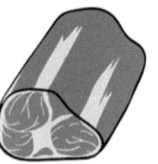

мясо

la carne

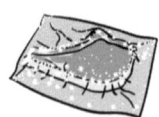

быстрозамороженные продукты

los alimentos congelados

нарезка

los fiambres

консервы

las conservas

стиральный порошок

el detergente en polvo

сладости

los dulces

предмет домашнего обихода

productos de uso doméstico

моющее средство

productos de limpieza

продавщица

la vendedora

касса

la caja de cartón

кассир

el cajero

список покупок

la lista de la compra

время работы

el horario de atención al público

бумажник

la cartera

кредитная карточка

la tarjeta de crédito

сумка

la bolsa de plástico

полиэтиленовый пакет

la bolsa de plástico

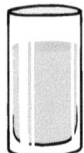

вода

el agua

сок

el zumo

молоко

la leche

кока-кола

la cola

вино

el vino

пиво

la cerveza

алкоголь

el alcohol

какао

el cacao

чай

el té

кофе

el café

эспрессо

el expreso

капучино

el capuchino

банан

el plátano

яблоко

la manzana

апельсин

la naranja

арбуз

el melón

лимон

el limón

морковь

la zanahoria

чеснок

el ajo

бамбук

el bambú

лук

la cebolla

гриб

el champiñón

орехи

las avellanas

лапша

los fideos

спагетти

las espagueti

рис

el arroz

салат

la ensalada

картофель фри

las patatas fritas

жареный картофель

las patatas fritas

пицца

la pizza

гамбургер

la hamburguesa

сэндвич

el sándwich

шницель

el filete

ветчина

el jamón

салями

le salami

колбаса

la salchicha

курица

el pollo

жаркое

el asado

рыба

el pescado

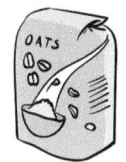

овсяные хлопья

los copos de avena

мюсли

el muesli

кукурузные хлопья

los copos de maíz

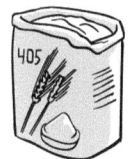

мука

la harina

круассан

el cruasán

булочка

el panecillo

хлеб

el pan

тост

la tostada

печенье

las galletas

масло

la mantequilla

творог

la cuajada

пирог

el pastel

яйцо

el huevo

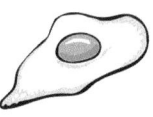

яичница

el huevo frito

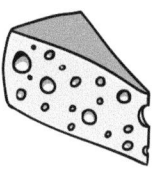

сыр

el queso

мороженое

el helado

сахар

el azúcar

мёд

la miel

мармелад

la mermelada

крем с нугой

la crema de turrón

карри

el curry

ферма
la granja

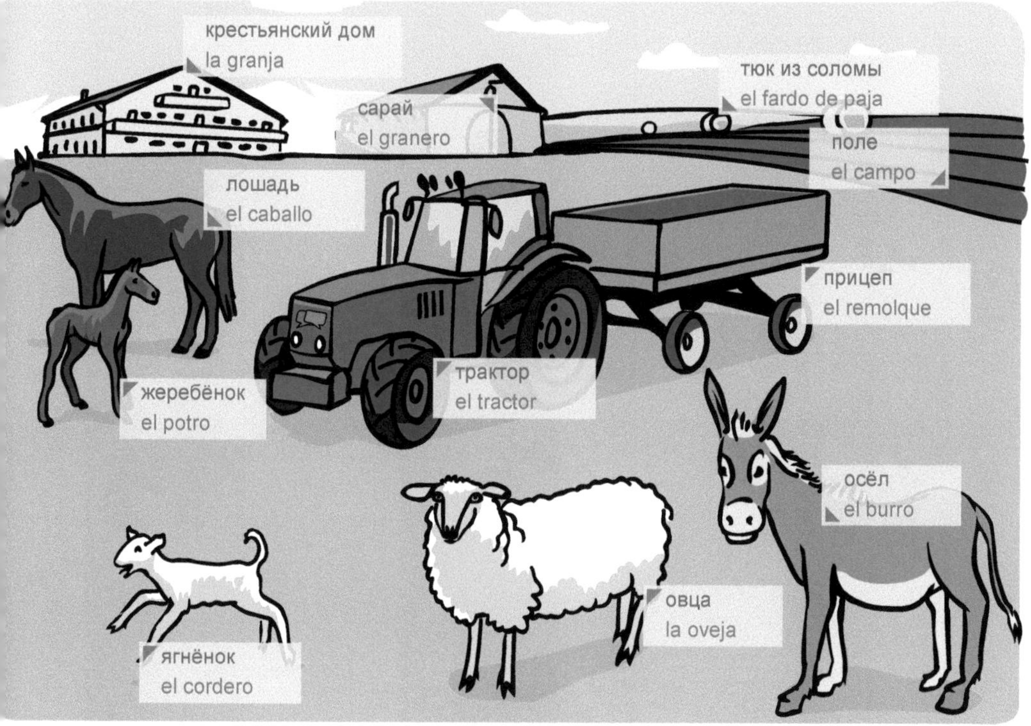
крестьянский дом
la granja
сарай
el granero
тюк из соломы
el fardo de paja
поле
el campo
лошадь
el caballo
прицеп
el remolque
трактор
el tractor
жеребёнок
el potro
осёл
el burro
овца
la oveja
ягнёнок
el cordero

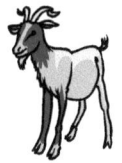

коза

la cabra

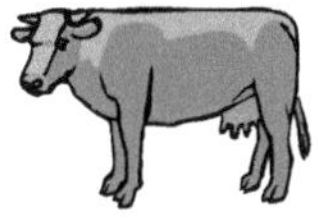

корова

la vaca

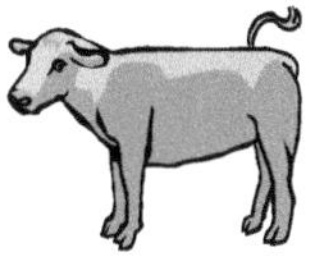

телёнок

el ternero

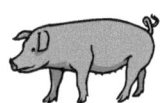

свинья

el cerdo

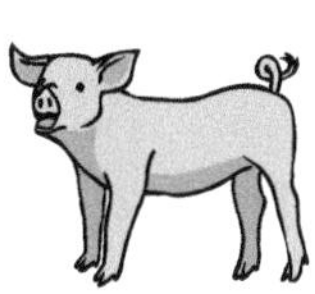

поросёнок

el cerdito

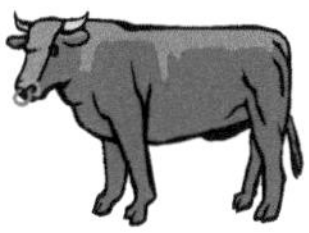

бык

el toro

гусь

el ganso

утка

el pato

цыплёнок

el pollo

курица

la gallina

петух

el gallo

крыса

la rata

кошка

el gato

мышь

el ratón

вол

el buey

собака

el perro

конура

la perrera

садовый шланг

la manguera

лейка

la regadera

коса

la guadaña

плуг

el arado

серп

la hoz

мотыга

la azada

навозные вилы

la horca

топор

el hacha

тачка

la carretilla

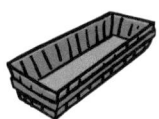

корыто

el abrevadero

бидон для молока

la lechera

мешок

el saco

забор

la valla

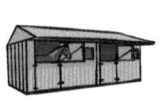

хлев

el establo

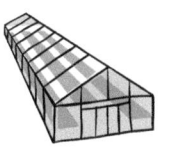

теплица

el invernadero

почва

el suelo

посев

la semilla

удобрение

el fertilizador

комбайн

la cosechadora

собирать урожай

cosechar

урожай

la cosecha

ямс

el ñame

пшеница

el trigo

соя

el soja

картофель

la patata

кукуруза

el maíz

рапс

la semilla de colza

фруктовое дерево

el árbol frutal

маниок

la mandioca

злаки

las cereales

ДОМ
la casa

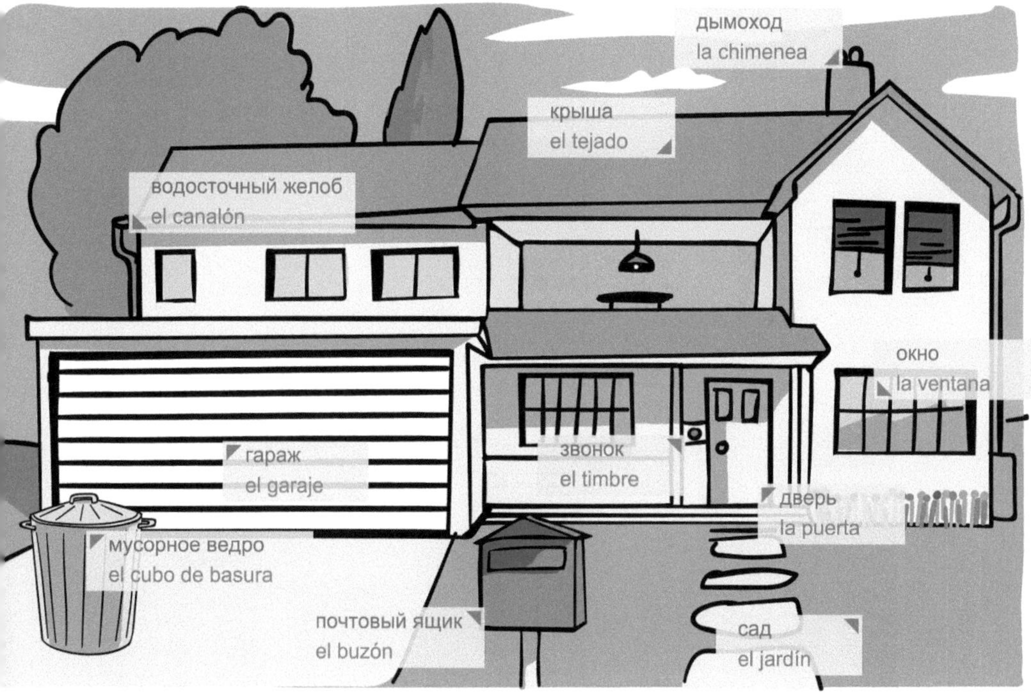
дымоход
la chimenea
крыша
el tejado
водосточный желоб
el canalón
окно
la ventana
гараж
el garaje
звонок
el timbre
дверь
la puerta
мусорное ведро
el cubo de basura
почтовый ящик
el buzón
сад
el jardín

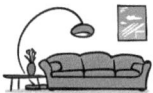

гостиная

la sala

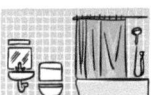

ванная комната

el cuarto de baño

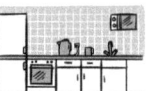

кухня

la cocina

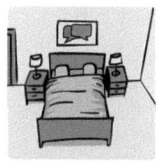

спальня

el dormitorio

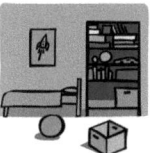

детская комната

la habitación de los niños

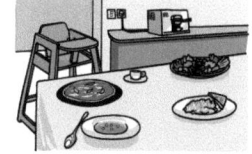

столовая

el comedor

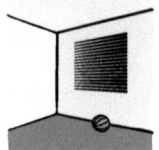

пол

el suelo

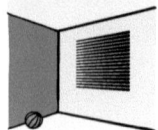

стена

la pared

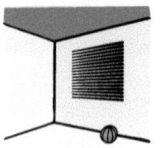

потолок

el techo

подвал

el sótano

сауна

la sauna

балкон

el balcón

терраса

la terraza

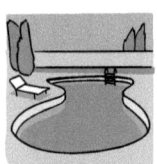

бассейн

la piscina

газонокосилка

el cortacésped

пододеяльник

la sábana

покрывало

la colcha

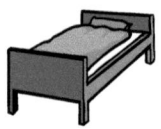

кровать

la cama

метла

la escoba

ведро

el balde

выключатель

el interruptor

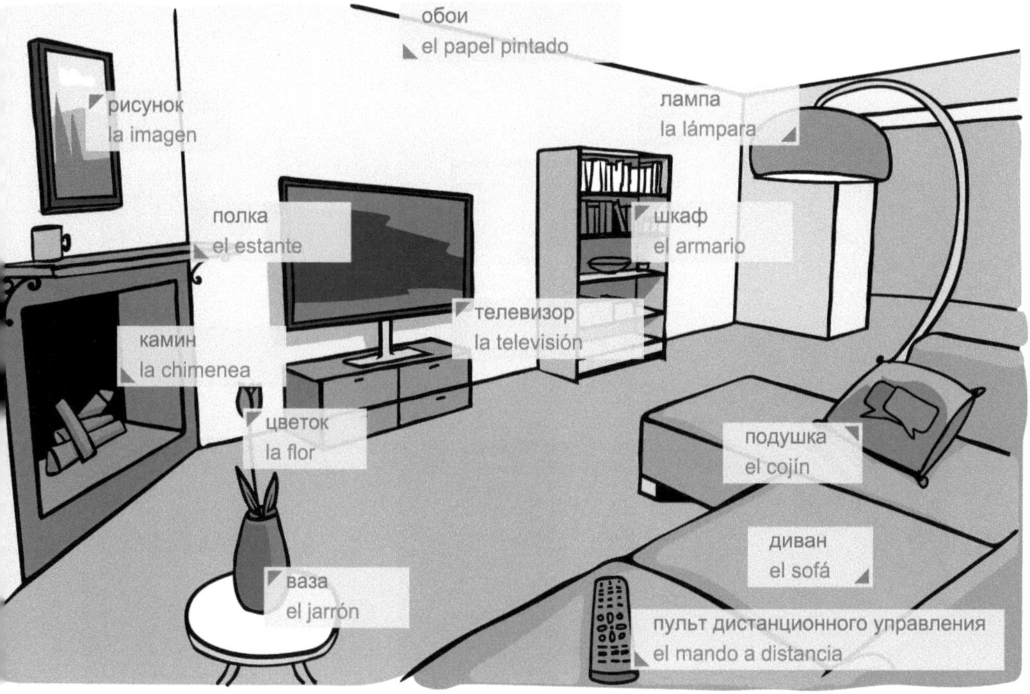

обои
el papel pintado

рисунок
la imagen

лампа
la lámpara

полка
el estante

шкаф
el armario

камин
la chimenea

телевизор
la televisión

цветок
la flor

подушка
el cojín

диван
el sofá

ваза
el jarrón

пульт дистанционного управления
el mando a distancia

ковёр

la alfombra

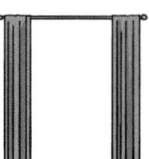

штора

la cortina

стол

la mesa

стул

la silla

кресло-качалка

el mecedora

кресло

la butaca

книга

el libro

покрывало

la manta

украшение

la decoración

дрова

la leña

фильм

la película

стереосистема

el equipo de música

ключ

la llave

газета

el periódico

картина

la pintura

плакат

el póster

радио

la radio

блокнот

el cuaderno

пылесос

la aspiradora

кактус

el cactus

свеча

la vela

кухня
la cocina

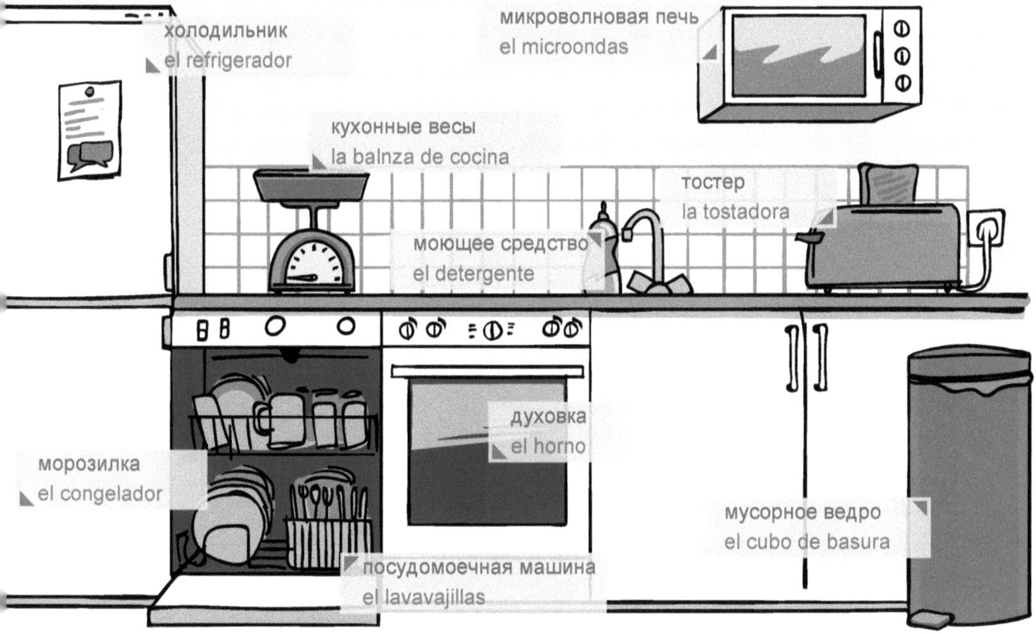
холодильник
el refrigerador
микроволновая печь
el microondas
кухонные весы
la balnza de cocina
тостер
la tostadora
моющее средство
el detergente
духовка
el horno
морозилка
el congelador
мусорное ведро
el cubo de basura
посудомоечная машина
el lavavajillas

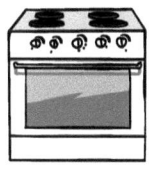

плита

la olla a presión

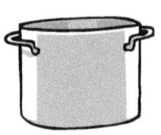

кастрюля

la olla

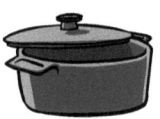

чугунный котелок

la olla de hierro fundido

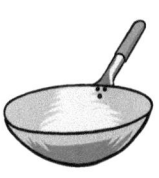

вок / кадай

el wok

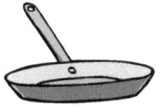

сковорода

la cazuela

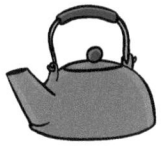

чайник

el hervidor

пароварка

la vaporera

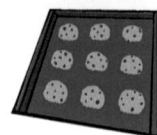

противень

la chapa de horno

посуда

la vajilla

кружка

la taza

миска

el tazón

палочки для еды

los palillos

половник

el cucharón

лопатка

la espumadera

сбивалка

el batidor

сито

el colador

сито

el cedazo

тёрка

el rallador

ступка

el mortero

гриль

la barbacoa

костёр

la hoguera

доска

la tabla de picar

скалка

el rodillo

штопор

el sacacorchos

жестяная банка

la lata

консервный нож

el abrelatas

прихватка

el agarrador

раковина

el lavabo

щетка

el cepillo

губка

la esponja

миксер

la batidora

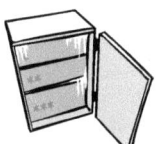

морозильная камера

el congelador

бутылочка для кормления

el biberón

кран

el grifo

ванная комната
el cuarto de baño

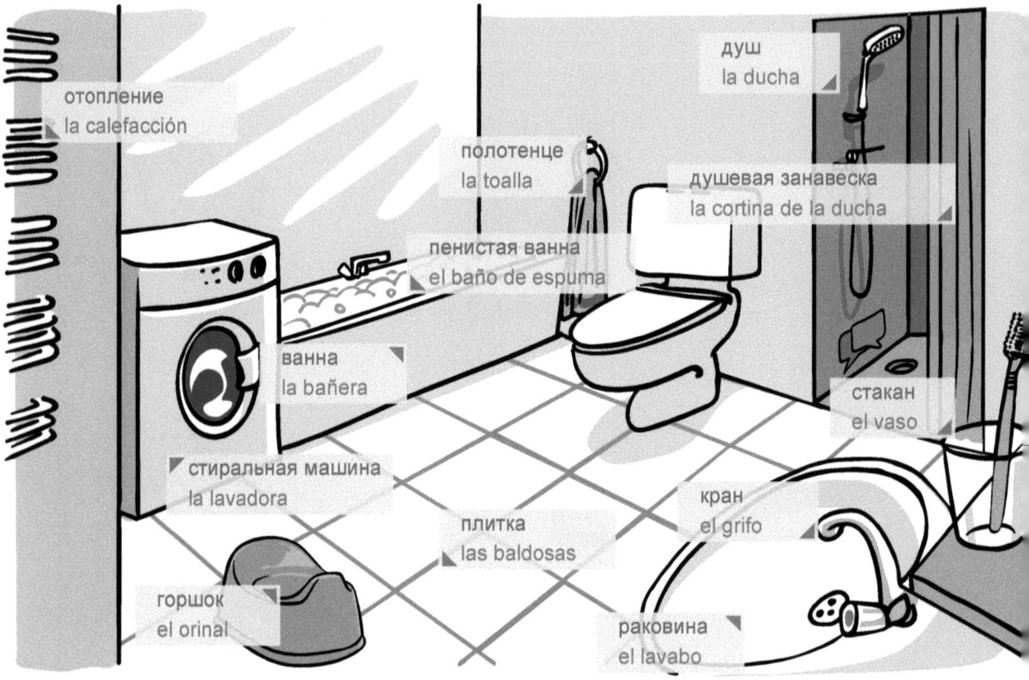

отопление
la calefacción
душ
la ducha
полотенце
la toalla
душевая занавеска
la cortina de la ducha
пенистая ванна
el baño de espuma
ванна
la bañera
стакан
el vaso
стиральная машина
la lavadora
кран
el grifo
плитка
las baldosas
горшок
el orinal
раковина
el lavabo

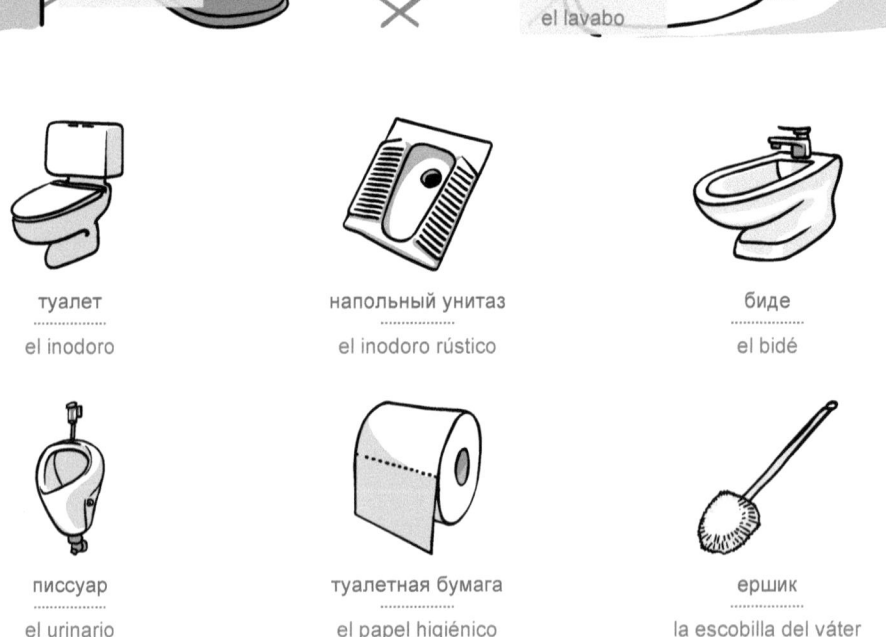

туалет
el inodoro

напольный унитаз
el inodoro rústico

биде
el bidé

писсуар
el urinario

туалетная бумага
el papel higiénico

ершик
la escobilla del váter

зубная щетка

el cepillo de dientes

зубная паста

la pasta de dientes

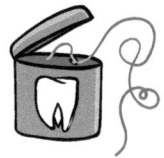

зубная нить

el hilo dental

мыть

lavar

ручной душ

la ducha de mano

интимный душ

la ducha íntima

таз

la pila

щетка для спины

el cepillo de espalda

мыло

el jabón

гель для душа

el gel de ducha

шампунь

el champú

мочалка

la toallita

сток

el desagüe

крем

la crema

дезодорант

el desodorante

зеркало

el espejo

ручное зеркало

el espejo de tocador

бритва

la maquinilla de afeitar

пена для бритья

la espuma de afeitar

лосьон после бритья

la loción postafeitado

расческа

el peine

щетка

el cepillo

фен

el secador

лак для волос

la laca

косметика

el maquillaje

губная помада

el pintalabios

лак для ногтей

el pintauñas

вата

el algodón

маникюрные ножницы

el cortauñas

духи

el perfume

косметичка

el estuche de viaje

табуретка

la banqueta

весы

la balanza

халат

el albornoz

резиновые перчатки

los guantes de goma

тампон

el tampón

гигиеническая прокладка

la compresa

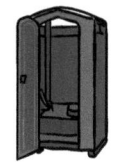

биотуалет

el inodoro químico

детская комната
la habitación de los niños

будильник
el despertador
мягкая игрушка
el peluche
игрушечный автомобиль
el coche de juguete
погремушка
el sonajero
кукольный домик
la casa de muñecas
подарок
el regalo

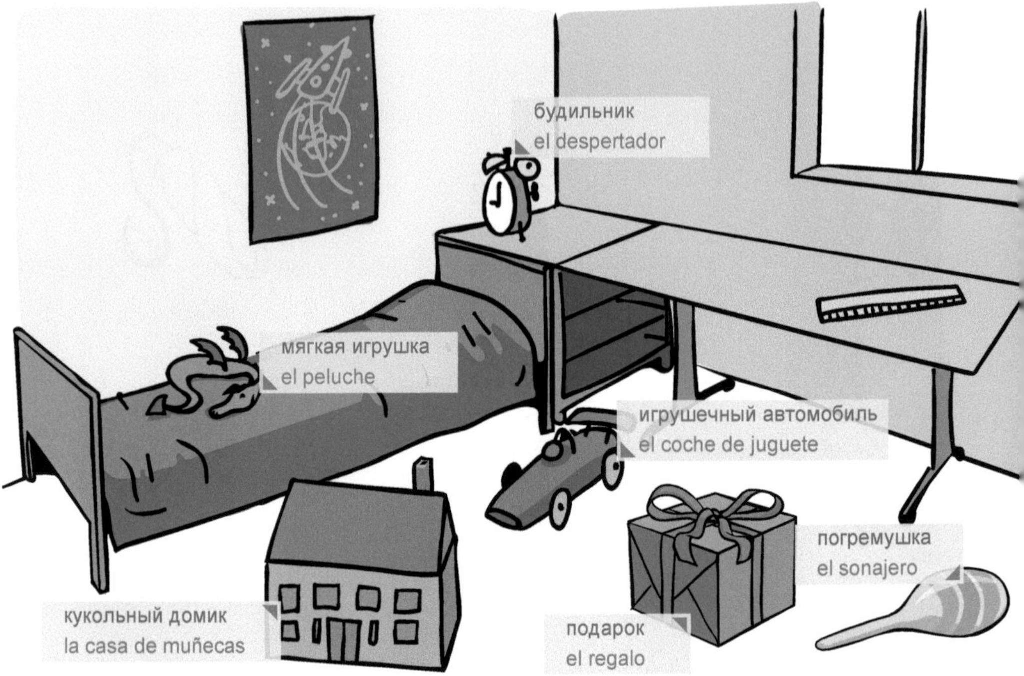

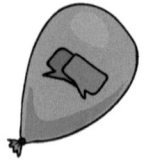

воздушный шар

el globo

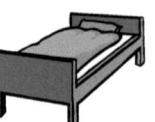

кровать

la cama

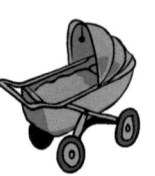

детская коляска

el coche de niño

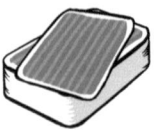

карточная игра

los naipes

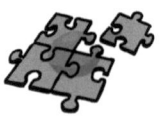

пазл

el puzle

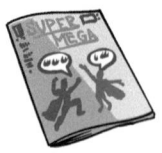

комикс

el tebeo

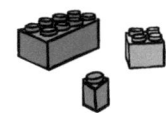

кирпичики Лего

las piezas de lego

кубики

los bloques de juguete

игрушечная фигурка

la figura de acción

ползунки

el bodi (de bebé)

фрисби

el frisbee

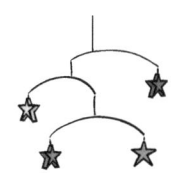

мобиле

el colgador móvil para bebés

настольная игра

el juego de mesa

кубик

los dados

модель железной дороги

el circuito de tren eléctrico

соска

el maniquí

вечеринка

la fiesta

книга с картинками

el álbum de fotos

мяч

la pelota

кукла

la muñeca

играть

jugar

песочница

el cajón de arena

качели

el columpio

игрушка

los juguetes

игровая приставка

la videoconsola

трёхколесный велосипед

el triciclo

плюшевый медвежонок

el oso de peluche

шкаф для одежды

la guardarropa

одежда

la ropa

носки

los calcetines

чулки

las medias

колготки

los leotardos

шарф
la bufanda

зонтик
el paraguas

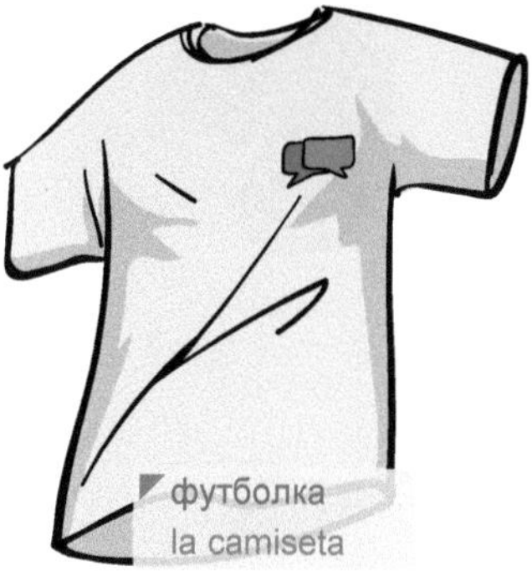

футболка
la camiseta

ремень
el cinturón

сапоги
las botas

тапки
las zapatillas

кроссовки
las deportivas

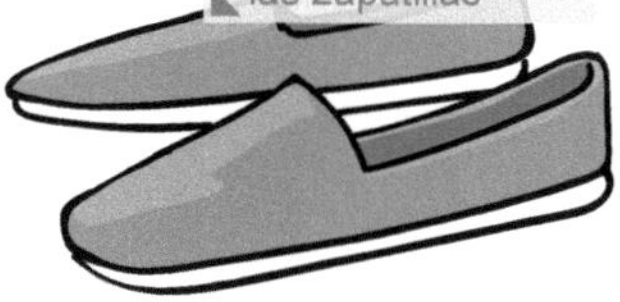

сандалии
....
las sandalias

ботинки
....
los zapatos

резиновые сапоги
....
las botas de goma

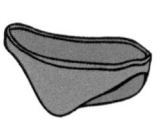

трусы
....
el slip

бюстгальтер
....
el sostén

майка
....
el chaleco

одежда - la ropa

боди

el bodi

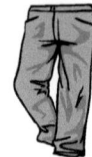

брюки

los pantalones cortos

джинсы

los vaqueros

юбка

la falda

блузка

la blusa

рубашка

la camisa

свитер

el jersey

свитер

el suéter

спортивная куртка

el blazer

жакет

la chaqueta

пальто

el abrigo

плащ

la gabardina

костюм

el traje

платье

el vestido

свадебное платье

el vestido de novia

мужской костюм

el traje

ночная сорочка

el camisón

пижама

el pijama

сари

el sati

платок

el bandana

тюрбан

el turbante

паранджа

la burka

кафтан

el caftán

абайя

la abaya

купальник

el traje de baño

плавки

el bañador

шорты

los pantalones cortos

спортивный костюм

el chándal

фартук

el delantal

перчатки

los guantes

пуговица

el botón

очки

las gafas

браслет

el brazalete

цепочка

el collar

кольцо

el anillo

серьга

el pendiente

шапка

la gorra

вешалка

la percha

шляпа

el sombrero

галстук

la corbata

застежка молния

la cremallera

шлем

el casco

подтяжки

los tirantes

школьная форма

el uniforme

форма

el uniforme

детский нагрудник

el babero

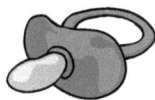

соска

el maniquí

подгузник

el pañal

офис
la oficina

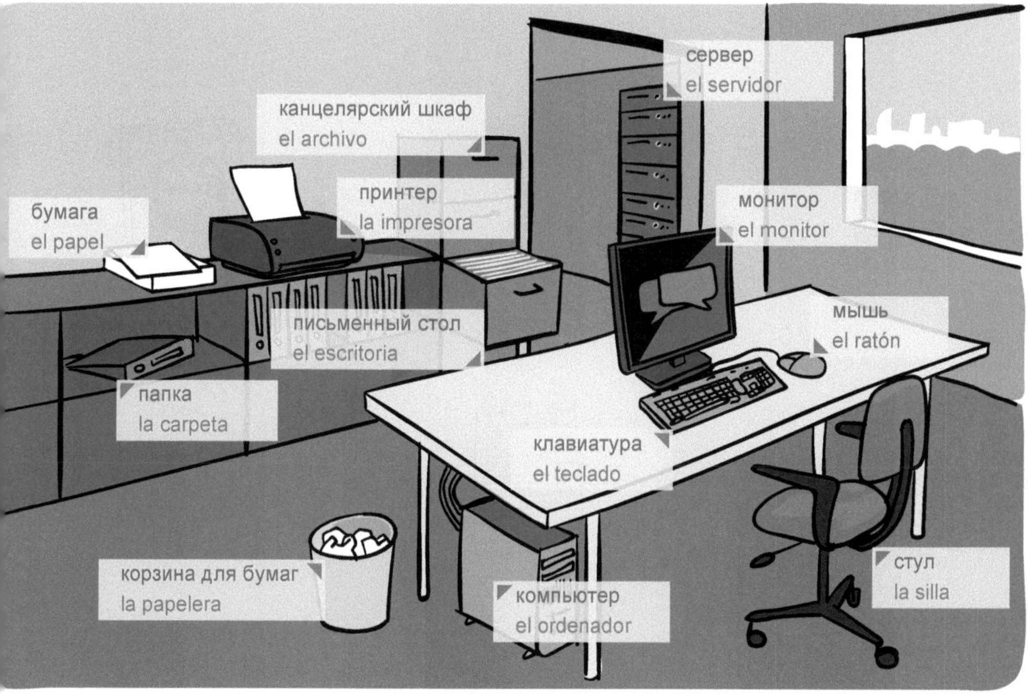

сервер
el servidor

канцелярский шкаф
el archivo

принтер
la impresora

монитор
el monitor

бумага
el papel

письменный стол
el escritoria

мышь
el ratón

папка
la carpeta

клавиатура
el teclado

корзина для бумаг
la papelera

стул
la silla

компьютер
el ordenador

кофейная кружка

la taza de café

калькулятор

la calculadora

интернет

el internet

ноутбук

el portátil

письмо

la carta

сообщение

el mensaje

мобильный телефон

el móvil

сеть

la red

ксерокс

la fotocopiadora

программа

el software

телефон

el teléfono

розетка

la toma de corriente

факс

el fax

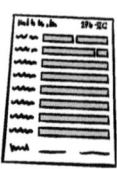

формуляр

el formulario

документ

el documento

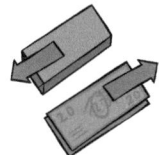

покупать

comprar

платить

pagar

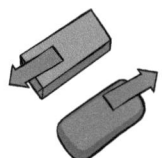

торговать

comerciar

деньги

el dinero

USD

доллар

el dólar

EUR

евро

el euro

JPY

иена

el yen

RUB

рубль

el rublo

CHF

франк

el franco suizo

CNY

жэньминьби юань

el renminbi yuan

INR

рупия

la rupia

банкомат

el cajero automático

пункт обмена валюты

la oficina de cambio de divisas

золото

el oro

серебро

la plata

нефть

el petróleo

энергия

la energía

цена

el precio

договор

el contrato

налог

el impuesto

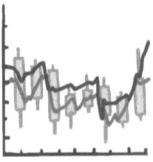

акция

la acción

работать

trabajar

служащий

el empleador

работодатель

el empleador

фабрика

la fábrica

магазин

la tienda de campaña

профессии
los oficios

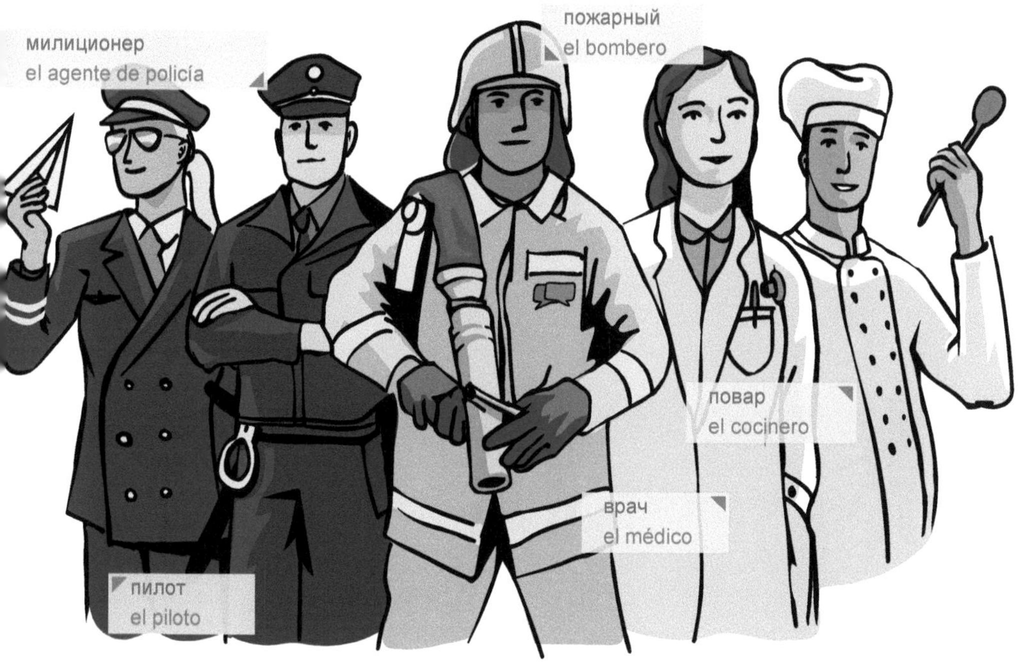
милиционер
el agente de policía
пожарный
el bombero
повар
el cocinero
врач
el médico
пилот
el piloto

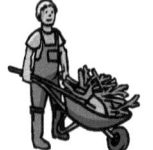

садовник

el jardinero

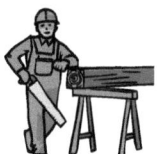

столяр

el carpintero

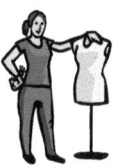

швея

la costurera

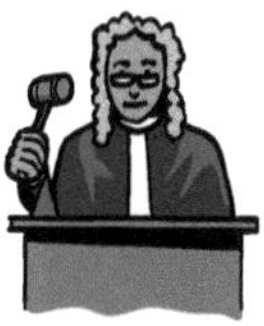

судья

el juez

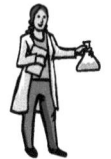

химик

el farmacéutico

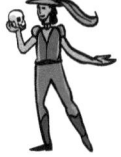

актёр

el actor

водитель автобуса

el conductor de autobús

таксист

el taxista

рыбак

el pescador

уборщица

la señora de la limpieza

кровельщик

el techador

официант

el camarero

охотник

el cazador

художник

el pintor

пекарь

el panadero

электрик

el electricista

строитель

el obrero

инженер

el ingeniero

мясник

el carnicero

сантехник

el fontanero

почтальон

el cartero

солдат

el soldado

архитектор

el arquitecto

кассир

el cajero

флорист

el florista

парикмахер

el peluquero

кондуктор

el revisor

механик

el mecánico

капитан

el capitán

зубной врач

el dentista

ученый

el científico

раввин

el rabino

имам

el imán

монах

el monje

священник

el sacerdote

инструменты

las herramientas

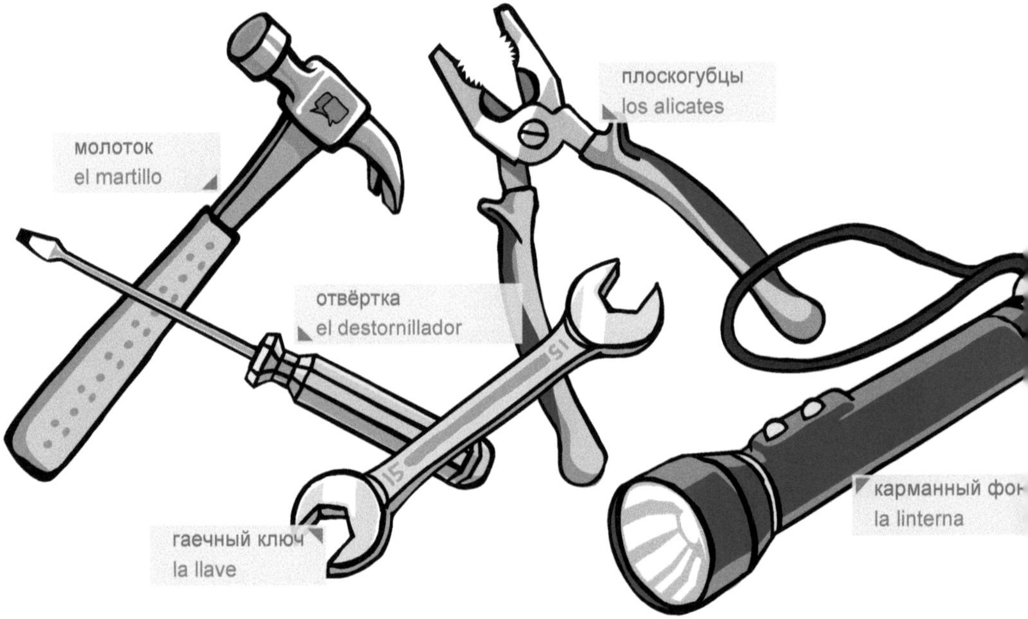

плоскогубцы
los alicates
молоток
el martillo
отвёртка
el destornillador
карманный фон
la linterna
гаечный ключ
la llave

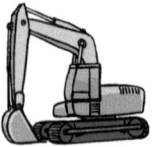

экскаватор

la excavadora

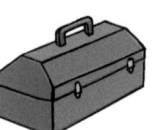

ящик для инструментов

la caja de herramientas

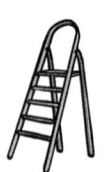

стремянка

la escalera de mano

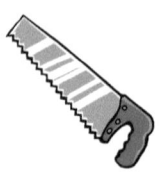

пила

la sierra

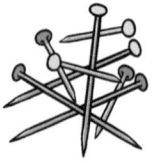

гвозди

los clavos

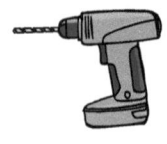

дрель

el taladro

ремонтировать

reparar

лопата

la pala

Блин!

¡Maldita sea!

совок

el recogedor

ведро с краской

el bote de pintura

винты

los tornillos

музыкальные инструменты
los instrumentos musicales

громкоговоритель
el altavoz

ударный инструмент
la batería

гитара
la guitarra

контрабас
el contrabajo

труба
la trompeta

пианино

el piano

скрипка

el violín

бас-гитара

bajo

литавры

los timbales

барабан

el tambor

синтезатор

el teclado

саксофон

el saxofón

флейта

la flauta

микрофон

el micrófono

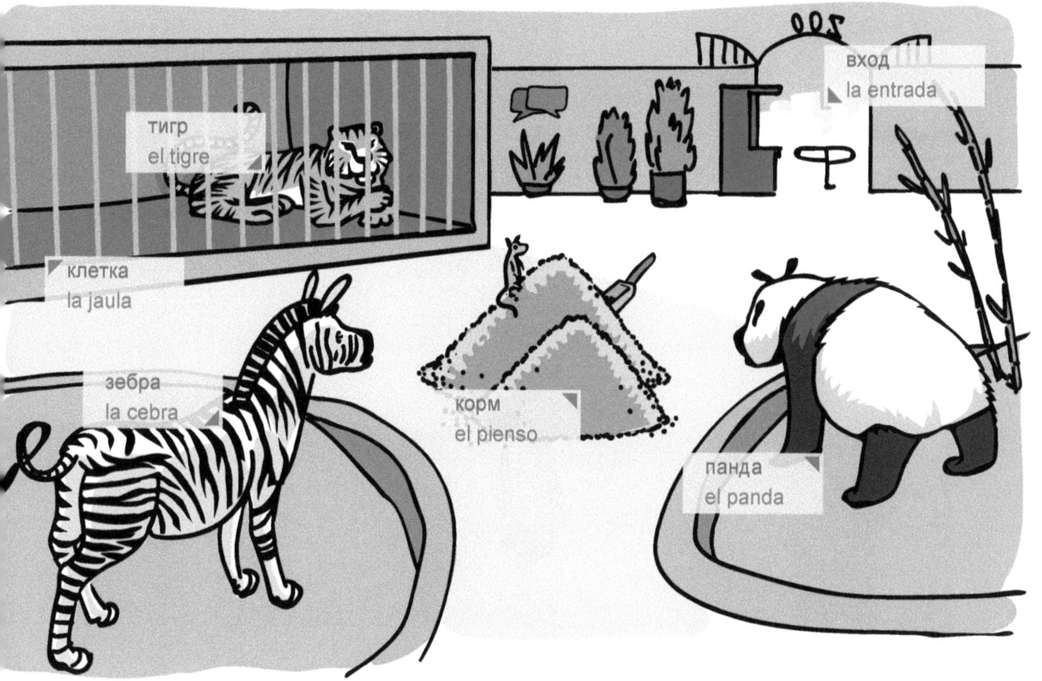

тигр
el tigre

вход
la entrada

клетка
la jaula

зебра
la cebra

корм
el pienso

панда
el panda

животные

los animales

слон

el elefante

кенгуру

el canguro

носорог

el rinoceronte

горилла

el gorila

медведь

el oso

верблюд

el camello

страус

el avestruz

лев

el león

обезьяна

el mono

фламинго

el flamingo

попугай

el loro

белый медведь

el oso polar

пингвин

el pingüino

акула

el tiburón

павлин

el pavo real

змея

la serpiente

крокодил

el cocodrilo

служитель зоопарка

el guardián de zoológico

тюлень

la foca

ягуар

el jaguar

пони

el poni

леопард

el leopardo

бегемот

el hipopótamo

жираф

la jirafa

орёл

el águila

кабан

el jabalí

рыба

el pescado

черепаха

la tortuga

морж

la morsa

лиса

el zorro

газель

la gacela

зоопарк - el zoo

американский футбол
el fútbol americano

езда на велосипеде
el ciclismo

теннис
el tenis

баскетбол
el baloncesto

плавание
la natación

бокс
el boxeo

хоккей
el hockey sobre hielo

футбол
el fútbol

бадминтон
el bádminton

лёгкая атлетика
el atletismo

гандбол
el balonmano

лыжный спорт
el esquí

поло
el polo

действия
las actividades

прыгать
saltar
обнимать
abrazar
смеяться
reír
идти
caminar
петь
cantar
мечтать
soñar
молиться
rezar
целовать
besar

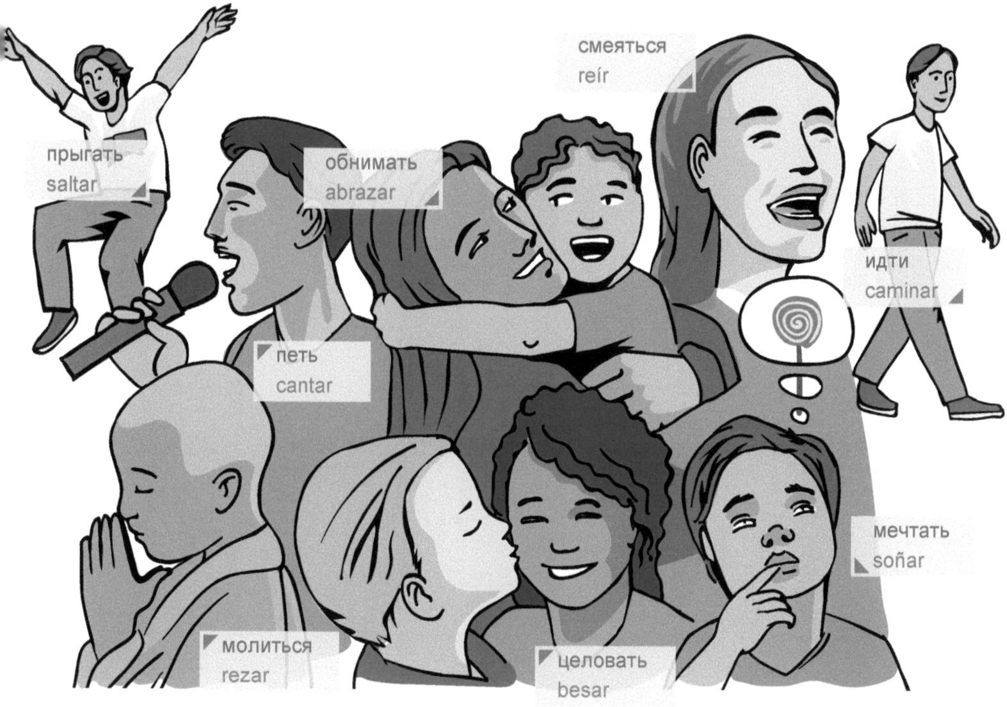

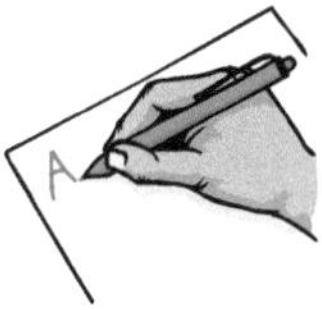

писать

escribir

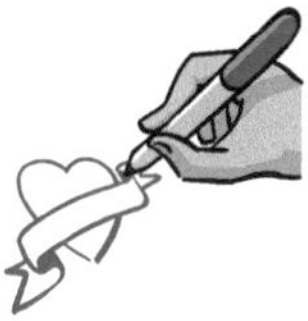

рисовать

dibujar

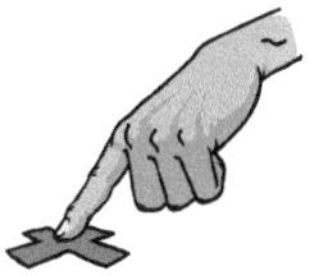

показывать

mostrar

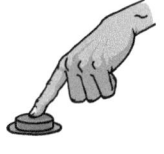

нажимать

empujar

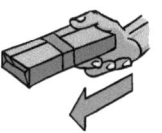

давать

dar

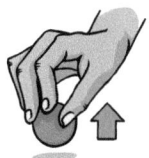

брать

tomar

иметь

tener

делать

hacer

быть

ser

стоять

estar de pie

бежать

correr

тянуть

tirar

бросать

tirar

падать

caer

лежать

yacer

ждать

esperar

носить

llevar

сидеть

estar sentado

надевать

vestirse

спать

dormir

просыпаться

despertar

рассматривать

mirar

плакать

llorar

гладить

acariciar

причесывать

peinar

говорить

hablar

понимать

entender

спрашивать

preguntar

слушать

escuchar

пить

beber

кушать

comer

наводить порядок

ordenar

любить

amar

готовить

cocinar

ехать

conducir

летать

volar

ходить под парусом

navegar

считать

calcular

читать

leer

учиться

aprender

работать

trabajar

вступать в брак

casarse

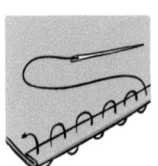

шить

coser

чистить зубы

cepillarse los dientes

убивать

matar

курить

fumar

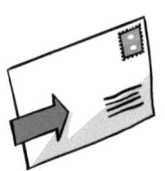

отправлять

enviar

семья
la familia

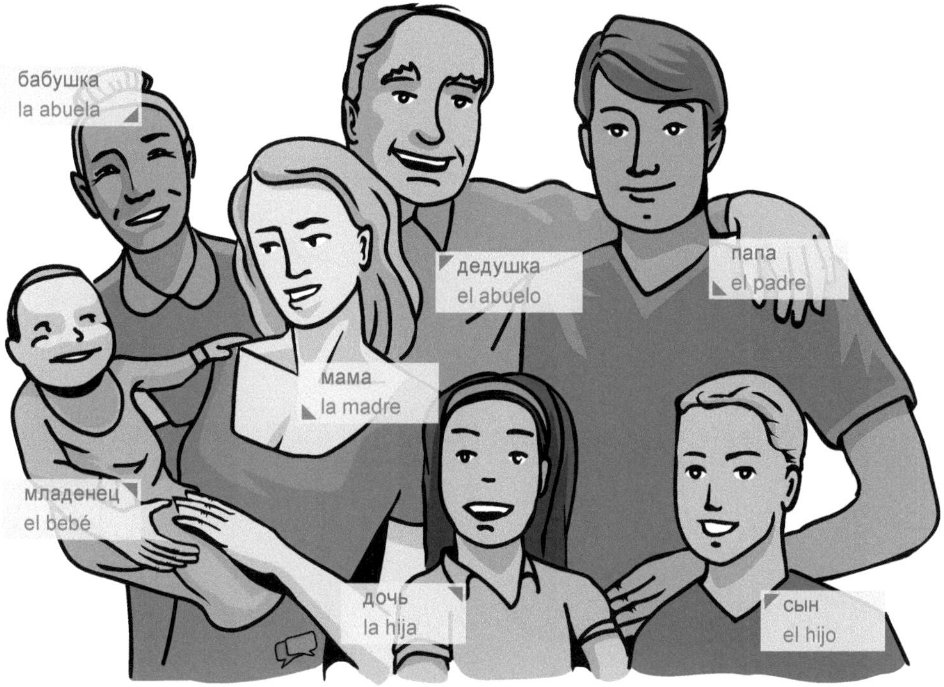
бабушка
la abuela
дедушка
el abuelo
папа
el padre
мама
la madre
младенец
el bebé
дочь
la hija
сын
el hijo

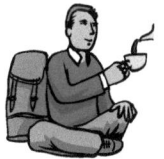

гость

el invitado

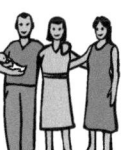

тетя

la tía

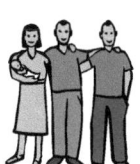

дядя

el tío

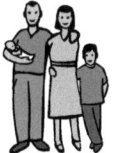

брат

el hermano

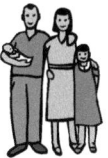

сестра

la hermana

тело

el cuerpo

лоб
la frente
глаз
el ojo
плечо
el hombro
палец
el dedo
лицо
la cara
подбородок
la barbilla
кисть
la mano
нога
la pierna
грудь
el pecho
рука
el brazo

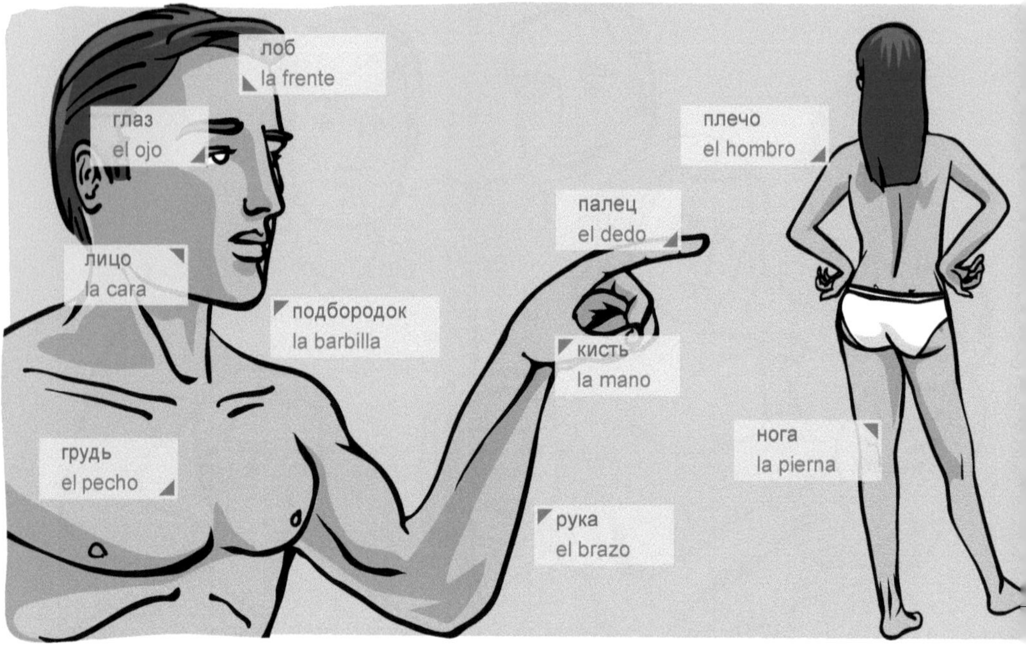

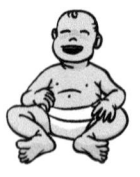

младенец

el bebé

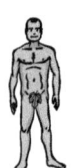

мужчина

el hombre

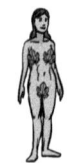

женщина

la mujer

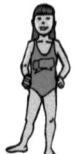

девочка

la chica

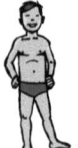

мальчик

el chico

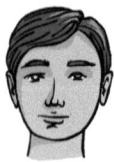

голова

la cabeza

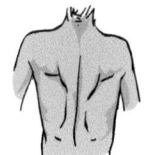

спина

la espalda

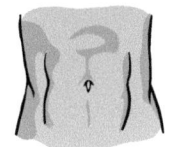

живот

el vientre

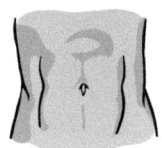

пупок

el ombligo

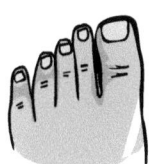

палец ноги

el dedo del pie

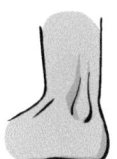

пятка

el talón

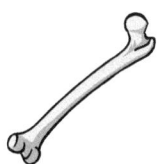

кость

el hueso

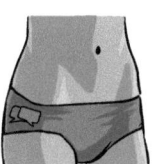

бедро

la cadera

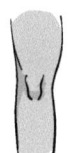

колено

la rodilla

локоть

el codo

нос

la nariz

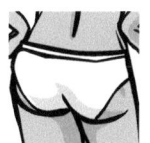

ягодицы

el trasero

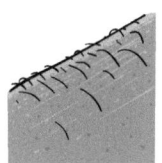

кожа

la piel

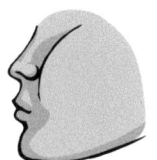

щека

la mejilla

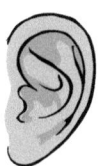

ухо

el oído

губа

el labio

тело - el cuerpo

рот

la boca

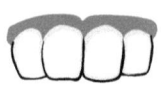

зуб

el diente

язык

la lengua

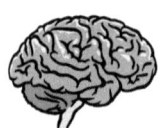

мозг

el cerebro

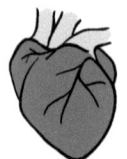

сердце

el corazón

мышца

el músculo

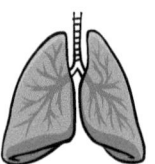

лёгкое

el pulmón

печень

el hígado

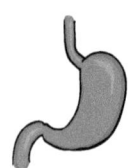

желудок

el estómago

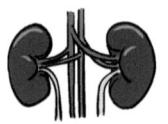

почки

los riñones

половой акт

el sexo

презерватив

el condón

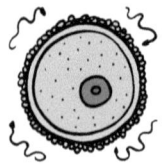

яйцеклетка

el ovario

сперма

el semen

беременность

el embarazo

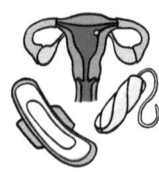

менструация

la menstruación

вагина

la vagina

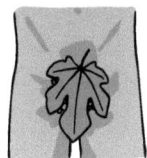

пенис

el pene

бровь

la ceja

волосы

el pelo

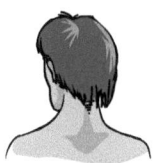

шея

el cuello

больница
el hospital

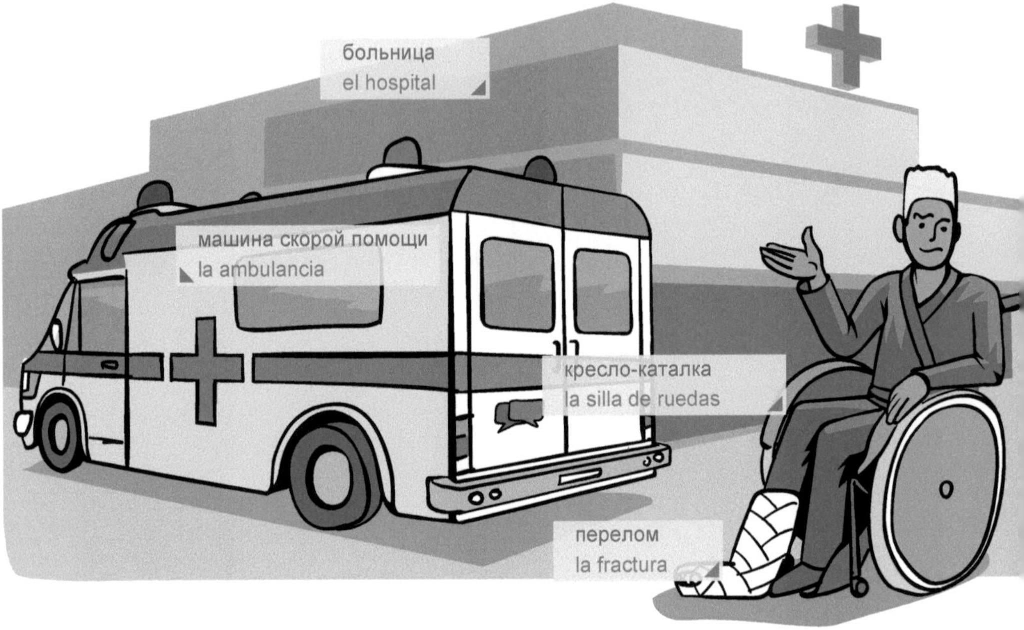

больница
el hospital
машина скорой помощи
la ambulancia
кресло-каталка
la silla de ruedas
перелом
la fractura

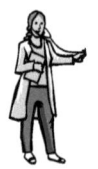

врач

el médico

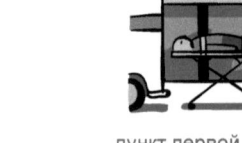

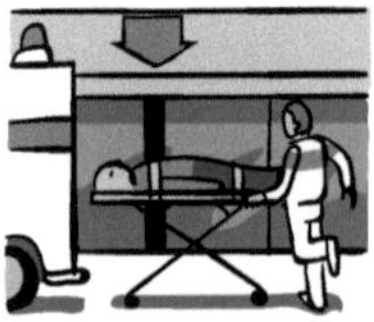

пункт первой помощи

la sala de urgencias

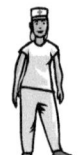

медсестра

la enfermera

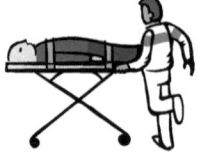

неотложный случай

la urgencia

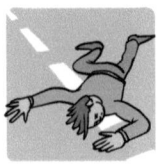

без сознания

inconsciente

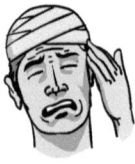

боль

el dolor

повреждение

la lesión

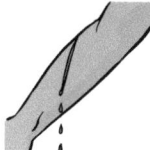

кровотечение

la hemorragia

инфаркт

el infarto

инсульт

el ictus

аллергия

la alergia

кашель

la tos

повышенная температура

la fiebre

грипп

la gripe

понос

la diarrea

головная боль

el dolor de cabeza

рак

el cáncer

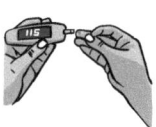

диабет

la diabetes

хирург

el cirujano

скальпель

el bisturí

операция

la operación

КТ

TAC

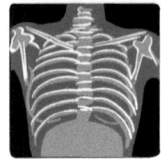

рентген

los rayos x

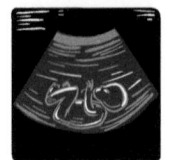

ультразвук

el ultrasonido

маска

la mascarilla

болезнь

la enfermedad

приёмная

la sala de espera

костыль

la muleta

пластырь

la tirita

бинт

la venda

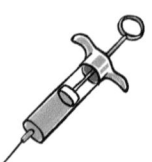

укол

la inyección

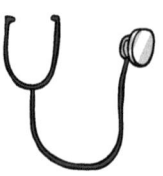

стетоскоп

el estetoscopio

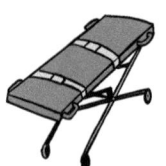

носилки

la camilla

термометр

el termómetro

рождение

el nacimiento

избыточный вес

el sobrepeso

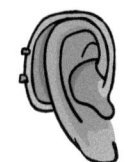

слуховой аппарат

el audífono

дезинфекционное
средство
el desinfectante

инфекция

la infección

вирус

el virus

ВИЧ / СПИД

VIH / SIDA

лекарство

la medicina

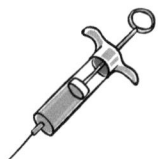

прививка

la vacunación

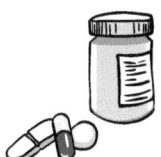

таблетки

las tabletas

противозачаточная
таблетка

la pastilla

экстренный вызов

la llamada de urgencia

прибор для измерения
кровяного давления

el tensiómetro

больной / здоровый

enfermo / sano

Помогите!
¡Socorro!

сигнал тревоги
la alarma

нападение
el asalto

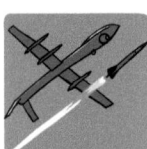

атака
el ataque

опасность
el peligro

запасной выход
la salida de emergencia

Пожар!
¡Fuego!

огнетушитель
el extintor de incendios

несчастный случай
el accidente

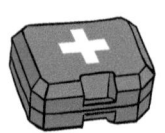

аптечка
el botiquín de primeros
auxilios

SOS
SOS

милиция
la policía

Европа

Europa

Северная Америка

Norteamérica

Южная Америка

Sudamérica

Африка

África

Азия

Asia

Австралия

Australia

Атлантический океан

el atlántico

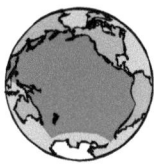

Тихий океан

el Pacífico

Индийский океан

el Océano Índico

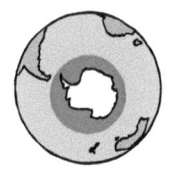

Антарктический океан

el Océano Antártico

Северный Ледовитый океан

el Océano Ártico

Северный полюс

el polo norte

Южный полюс

el polo sur

Антарктика

La Antártida

земля

la tierra

суша

la tierra

море

el mar

остров

la isla

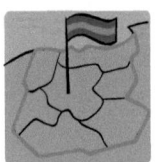

нация

la nación

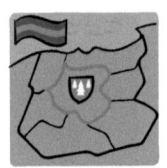

государство

el estado

циферблат

la esfera

часовая стрелка

la manecilla de las horas

минутная стрелка

el minutero

секундная стрелка

el segundero

Который час?

¿Qué hora es?

день

el día

время

el tiempo

сейчас

ahora

электронные часы

el reloj digital

минута

el minuto

час

la hora

неделя

la semana

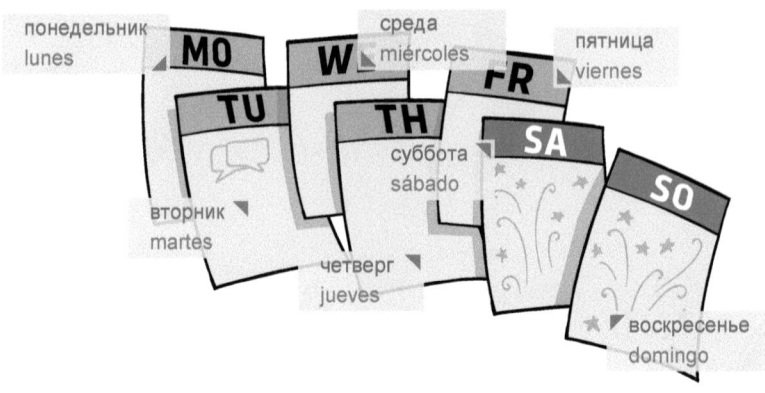

понедельник
lunes

среда
miércoles

пятница
viernes

MO

W

FR

TU

TH

SA

SO

вторник
martes

суббота
sábado

четверг
jueves

воскресенье
domingo

вчера
ayer

сегодня
hoy

завтра
mañana

утро
la mañana

полдень
el mediodía

вечер
la tarde

рабочие дни
los días laborables

выходные
el fin de semana

год

el año

дождь
la lluvia
радуга
el arcoíris
снег
la nieve
ветер
el viento
весна
la primavera
осень
el otoño
лето
el verano
зима
el invierno

4.APRIL 11°
5.APRIL 4°
6.APRIL 13°
7.APRIL 8°
8.APRIL 10°

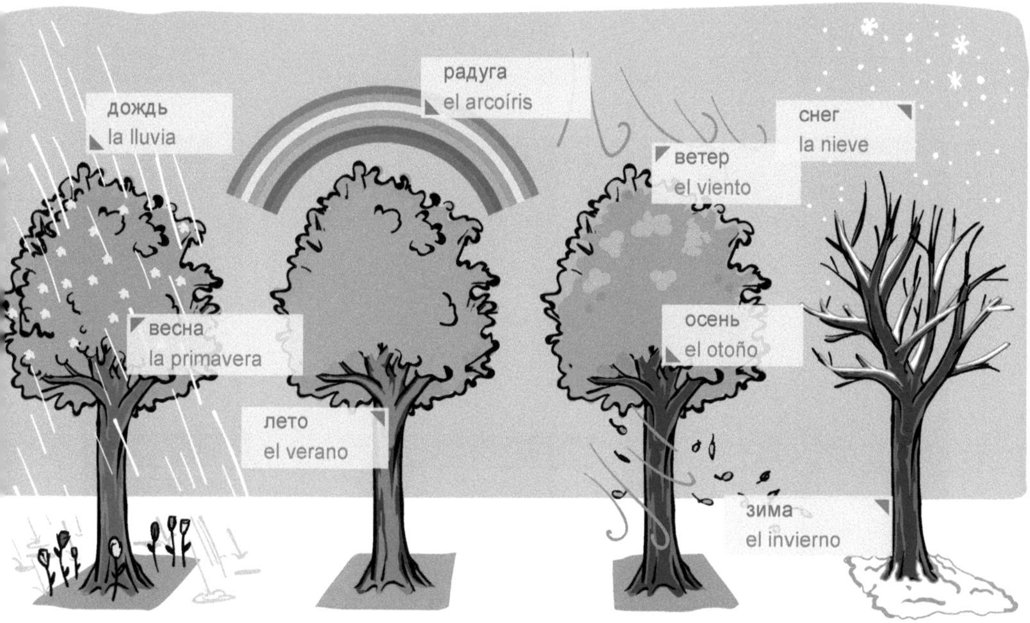

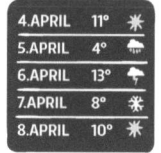

прогноз погоды

el pronóstico del tiempo

F
C
120
90
60
30
0
-30
40
30
20
10
0
-10
-20

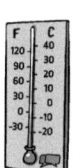

термометр

el termómetro

солнечный свет

el sol

туча

la nube

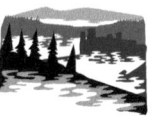

туман

la niebla

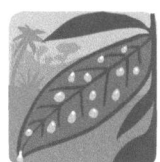

влажность воздуха

la humedad

молния

el rayo

гром

el trueno

буря

la tormenta

град

el granizo

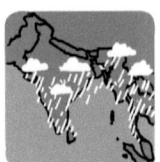

муссон

el monzón

наводнение

la inundación

лёд

el hielo

январь

enero

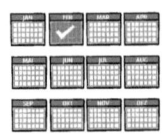

февраль

febrero

март

marzo

апрель

abril

май

mayo

июнь

junio

июль

julio

август

agosto

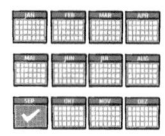

сентябрь

septiembre

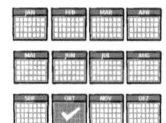

октябрь

octubre

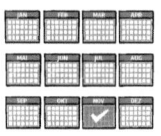

ноябрь

noviembre

декабрь

diciembre

формы
las formas

круг

el círculo

квадрат

el cuadrado

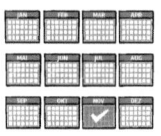

прямоугольник

el rectángulo

треугольник

el triángulo

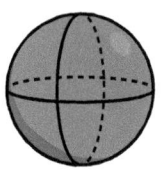

шар

la esfera

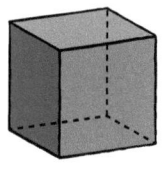

куб

el cubo

белый

blanco

желтый

amarillo

оранжевый

anaranjado

розовый

rosa

красный

rojo

лиловый

morado

синий

azul

зелёный

verde

коричневый

marrón

серый

gris

черный

negro

много / мало

mucho / poco

яростный / мирный

enojado / tranquilo

красивый / уродливый

bonito / feo

начало / конец

principio / fin

большой / маленький

grande / pequeño

светлый / темный

claro / oscuro

брат / сестра

el hermano / la hermana

чистый / грязный

limpio / sucio

полный / неполный

completo / incompleto

день / ночь

el día / la noche

мёртвый / живой

muerto / vivo

широкий / узкий

ancho / estrecho

съедобный / несъедобный

comestible / no comestible

злой / дружелюбный

malo / amable

взволнованный / скучающий

entusiasmado / aburrido

толстый / худой

gordo / delgado

сначала / в конце

primero / último

друг / враг

el amigo / el enemigo

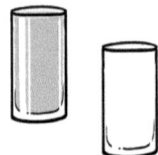

полный / пустой

lleno / vacío

твёрдый / мягкий

duro / blando

тяжёлый / легкий

pesado / ligero

голод / жажда

el hambre / la sed

больной / здоровый

enfermo / sano

незаконный / законный

ilegal / legal

умный / глупый

inteligente / tonto

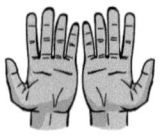

слева / справа

izquierda / derecha

близко / далеко

cerca / lejos

новый / подержанный

nuevo / usado

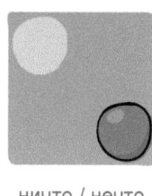

ничто / нечто

nada / algo

старый / молодой

viejo / joven

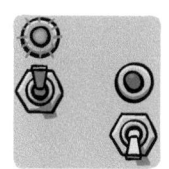

включено / выключено

encendido / apagado

открыто / закрыто

abierto / cerrado

тихо / громко

silencioso / ruidoso

богатый / бедный

rico / pobre

правильный /
неправильный
correcto / incorrecto

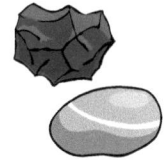

шероховатый / гладкий

áspero / suave

печальный / счастливый

triste / contento

короткий / длинный

corto / largo

медленный / быстрый

lento / rápido

мокрый / сухой

húmedo / seco

тёплый / прохладный

cálido / frío

война / мир

guerra / paz

цифры
los números

0

ноль

cero

1

один

uno

2

два

dos

3

три

tres

4

четыре

cuatro

5

пять

cinco

6

шесть

seis

7

семь

siete

8

восемь

ocho

9

девять

nueve

10

десять

diez

11

одиннадцать

once

12

двенадцать

doce

13

тринадцать

trece

14

четырнадцать

catorce

15

пятнадцать

quince

16

шестнадцать

dieciséis

17

семнадцать

diecisiete

18

восемнадцать

dieciocho

19

девятнадцать

diecinueve

20

двадцать

veinte

100

сто

cien

1.000

тысяча

mil

1.000.000

миллион

el millón

цифры - los números

английский

el inglés

американский английский

el inglés americano

мандаринский китайский

el chino madarín

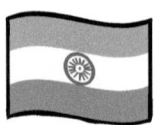

хинди

el hindi

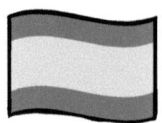

испанский

el español

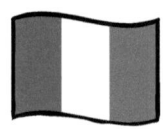

французский

el francés

арабский

el árabe

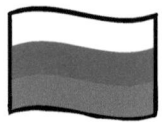

русский

el ruso

португальский

el portugués

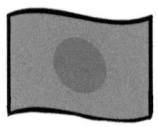

бенгальский

el bengalí

немецкий

el alemán

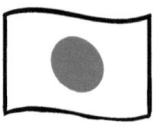

японский

el japonés

кто
yo

ты
tú

он / она / оно
él / ella / ello

мы
nosotros/as

вы
vosotros/as

они
ellos/as

кто?
¿quién?

что?
¿qué?

как?
¿cómo?

где?
¿dónde?

когда?
¿cuándo?

HELLO, I AM

имя
el nombre

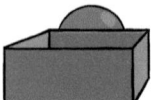

за
detrás

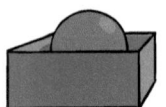

в
en

перед
delante de

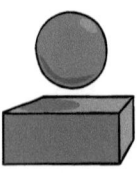

над
por encima de

на
sobre

под
debajo de

рядом
junto a

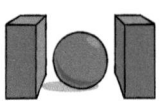

между
entre

место
el lugar